Oltre l'Ombra della Mente: Un Viaggio Positivo attraverso le Malattie Mentali

Prefazione

Benvenuti in un viaggio senza precedenti attraverso le intricanti profondità della mente umana. In questo libro, ci immergeremo in un'esplorazione coraggiosa e illuminante delle malattie mentali, non come barriere invalicabili, bensì come porte segrete che conducono a una crescita personale straordinaria.

La nostra società moderna è spesso afflitta da malattie mentali degenerative, ma è giunto il momento di trasformare il nostro modo di percepirle. Questo non è solo un manuale di comprensione; è una guida per abbracciare la diversità mentale come un'opportunità unica di scoperta di sé e di crescita.

Dal capitolo introduttivo, che sfida la visione convenzionale delle malattie mentali, all'esplorazione del "depressionismo" come segnale di necessario cambiamento, ogni pagina è un invito a guardare oltre la superficie apparente. Attraverso un viaggio che affronta l'Alzheimer come un accumulo di memoria inutile e l'ansia come motore di crescita personale, scopriremo che dietro ogni sintomo c'è una potenziale chiave per il nostro sviluppo.

Nel cuore del libro, impareremo l'arte dell'introspezione e la retro ingegnerizzazione delle malattie mentali, rivelando come queste condizioni possano diventare trampolini di lancio per un cambiamento positivo. Accetteremo e abbracceremo la diversità mentale, rompendo gli schemi di "normalità" per abbracciare la ricchezza della nostra umanità variegata.

Vivere il presente e coltivare la resilienza diventano imperativi per prevenire il soffocamento autoindotto delle malattie mentali. Mentre esploriamo il disturbo bipolare come un ciclo naturale delle emozioni e affrontiamo i disturbi alimentari con un approccio positivo, scopriremo che la chiave per una salute mentale vibrante può risiedere nella gestione attiva di queste esperienze.

Nella sezione finale, affronteremo la conclusione con un richiamo all'importanza di abbracciare le sfide mentali come veicoli per la crescita personale. Guarderemo al futuro immaginando una società che celebra la diversità mentale, dove la salute mentale è tanto valorizzata quanto la salute fisica.

Questo libro è una chiamata all'azione per tutti coloro che vogliono liberarsi dalle catene della percezione negativa delle malattie mentali. Attraverso la comprensione, l'accettazione e la trasformazione positiva, possiamo intraprendere un viaggio straordinario verso una mente sana e una vita significativa. Siate pronti a esplorare l'inexplorato e a scoprire il potenziale luminoso al di là dell'ombra della mente.

Capitolo 1: Introduzione

La mente umana, intricata e meravigliosa, è un universo inesplorato di emozioni, pensieri e ricordi. Tuttavia, questo complesso paesaggio interiore può essere teatro di sfide significative, le malattie mentali. In un'epoca in cui le pressioni della vita quotidiana si accumulano e le tensioni diventano sempre più palpabili, la salute mentale emerge come una pietra miliare critica per il nostro benessere complessivo.

Alla Scoperta del Nostro Mondo Interiore

L'epoca moderna ci pone di fronte a un paradigma in cui le malattie mentali degenerative sono all'ordine del giorno, minacciando il nostro equilibrio emotivo. Tuttavia, anziché affrontare questo tema con timore o rassegnazione, ci apprestiamo a intraprendere un viaggio di scoperta e trasformazione. Questo libro è una guida illuminante, un faro nella notte delle malattie mentali, ma soprattutto è una chiave per aprire la porta a una crescita personale profonda e significativa.

Da Sofferenza a Opportunità

La prospettiva tradizionale sulle malattie mentali spesso ci porta a considerarle come maledizioni, ma cosa succede se le vediamo come occasioni di crescita? Questo libro abbraccia l'idea audace che dietro ogni sfida mentale si nasconda un'opportunità per esplorare, imparare e crescere. L'intenzione è ribaltare il paradigma, spostando il nostro sguardo dalla sofferenza alla scoperta di risorse interne e possibilità insperate.

Un Approccio Illuminante

La comprensione delle malattie mentali richiede più di una semplice analisi dei sintomi. Dobbiamo adottare un approccio aperto e positivo, illuminando gli aspetti spesso trascurati della nostra psiche. Questo libro funge da guida, portandoci attraverso un terreno inesplorato di introspezione e analisi retrospettiva. Esploreremo il modo in cui la mente affronta sfide, scoprendo come possiamo trasformare tali sfide in veicoli di crescita personale.

Un Impegno per il Benessere Mentale Universale

Il nostro impegno è universale. Non ci rivolgiamo solo a coloro che affrontano attivamente malattie mentali, ma a tutti coloro che desiderano comprendere, supportare e promuovere una salute mentale vibrante. Attraverso questo viaggio, non solo gettiamo una luce nuova sulle malattie mentali, ma coltiviamo un terreno fertile per la consapevolezza, la comprensione e l'accettazione della diversità mentale.

Prossima Tappa: Esplorare le Radici dell'Alzheimer

Il nostro primo passo ci condurrà all'esame dell'Alzheimer, non come una malattia isolata, ma come un sintomo di un problema più profondo. Esploreremo l'eccessivo immagazzinamento di memoria inutile come chiave per comprendere come la nostra mente affronta e conserva le informazioni. Preparatevi per un'immersione nella complessità della nostra memoria e nell'opportunità di plasmare la

nostra percezione del passato per
creare un futuro più luminoso.
Il nostro viaggio è appena iniziato,
un invito ad abbracciare la
conoscenza e a trasformare la
nostra relazione con le malattie
mentali in un'esperienza di
crescita e consapevolezza.
Benvenuti a bordo.

Capitolo 2: Alzheimer come eccessivo immagazzinamento di memoria inutile

Svelare i Segreti della Mente: Un Viaggio nell'Alzheimer

L'Alzheimer, spesso considerato un enigma oscuro, diventa la nostra guida attraverso un territorio misterioso della mente umana. In questo capitolo, non vediamo l'Alzheimer come una malattia isolata, ma come un intricato labirinto di memoria e percezione. La chiave per sbloccare il suo mistero? Esplorare l'eccessivo immagazzinamento di memoria inutile.

La Memoria: Un Doppio Taglio della Spada

La memoria, gioiello della nostra mente, può rivelarsi una doppia spada. Mentre ci consente di conservare i tesori dei nostri ricordi più preziosi, può anche diventare una trappola in cui si accumulano informazioni apparentemente inutili. L'Alzheimer, in questo contesto, emerge come una risposta distorta a un eccesso di "bagaglio" mnemonico.

Il Peso Invisibile delle Memorie Superflue

Immaginiamo la nostra memoria come un archivio, una biblioteca personale di esperienze e conoscenze. Tuttavia, mentre navighiamo attraverso la vita, non tutto ciò che archiviamo è di uguale valore. Alcune informazioni, insignificanti o persino dannose, si accumulano come polvere su scaffali trascurati. L'Alzheimer potrebbe essere visto come una reazione del nostro cervello a questo sovraccarico, un tentativo distorto di "pulire" il caos eccessivo.

Il Ciclo Vizioso della Sovraffollamento Mentale

Ciò che rende l'Alzheimer così affascinante è il suo rapporto con la nostra gestione quotidiana della memoria. Il modo in cui affrontiamo le informazioni ogni giorno può avere profonde implicazioni sulla nostra salute mentale a lungo termine. L'accumulo di dettagli irrilevanti, il peso degli eventi insignificanti, il sovraccarico costante della nostra memoria contribuiscono a creare il terreno fertile per condizioni come l'Alzheimer.

Filtrare per la Chiarezza Mentale

L'obiettivo, dunque, diventa chiaro: imparare a filtrare, a discernere ciò che è veramente significativo. Questo non è solo un esercizio mentale, ma un atto di preservazione della nostra salute mentale. Un processo di selezione attiva che promuove la chiarezza mentale, lasciando spazio solo a ricordi che arricchiscono la nostra vita e contribuiscono al nostro benessere.

Liberare la Mente dal Peso Inutile

Intrappolati in un vortice di ricordi superflui, rischiamo di soffocare la nostra mente. Tuttavia, riconoscendo l'Alzheimer come una risposta a questo soffocamento, acquisiamo un potere trasformativo. Possiamo imparare a liberare la nostra mente dal peso inutile, adottando pratiche quotidiane che promuovono la focalizzazione su ciò che davvero conta.

Oltre l'Alzheimer: Un Nuovo Approccio alla Memoria

Esplorare l'Alzheimer in questo modo apre le porte a un nuovo approccio alla memoria. Non come un deposito passivo, ma come un giardino che richiede cure e attenzioni. Apprendere a coltivare la nostra memoria in modo consapevole diventa cruciale per prevenire il sovraccarico inutile e promuovere una mente libera, agile e sana.

Un Invito alla Riflessione

In chiusura, questo capitolo è un invito a riflettere sulla natura della nostra memoria e sulla sua connessione con il benessere mentale. Mentre esploriamo l'Alzheimer come una risposta al sovraccarico di informazioni, siamo chiamati a diventare custodi attivi della nostra mente. Il prossimo passo? Approfondire la nostra comprensione delle dinamiche mnemoniche e adottare pratiche quotidiane per liberare la nostra mente dal peso inutile, promuovendo così una salute mentale vibrante e duratura.

Capitolo 3: La Memoria come Fonte di Crescita Personale

Illuminare la Memoria: Una Risorsa Inesplorata

La memoria, spesso considerata una cassa del tesoro di ricordi, è al centro del nostro viaggio verso la crescita personale. In questo capitolo, ci immergeremo nel concetto di memoria non come un peso da sopportare, ma come una fonte inesplorata di potenziale catalizzatore per la nostra evoluzione individuale.

Memoria: Carico o Catalizzatore?

L'idea di memoria come carico può derivare dall'accumulo passivo di esperienze. Tuttavia, ciò che proponiamo è una prospettiva rivoluzionaria: vedere la memoria come uno strumento attivo che può essere coltivato e utilizzato per alimentare la nostra crescita personale. Non un peso da trascinare, ma una risorsa dinamica che ci accompagna nel nostro percorso di auto-scoperta.

Tecniche Avanzate di Gestione della Memoria

Esploriamo tecniche avanzate di gestione della memoria, non solo per ricordare eventi passati, ma per utilizzare la memoria come strumento per apprendere, adattarci e crescere. Attraverso esercizi pratici, i lettori saranno guidati nella creazione di un approccio intenzionale alla memoria, imparando a selezionare e coltivare ricordi che contribuiscono al loro sviluppo personale.

Focalizzazione sul Presente: Un Ponte tra Memoria e Crescita

La chiave per trasformare la percezione della memoria risiede

nella focalizzazione sul presente.
Mentre guardiamo indietro, lo
facciamo con uno scopo chiaro:
imparare e crescere nel presente.
La memoria diventa così un ponte
tra il nostro passato e il nostro
futuro, un luogo in cui attingere
saggezza e conoscenza per
plasmare il nostro presente in
modo significativo.

Memoria come Maestra di Vita

La memoria diventa una maestra
di vita, guidandoci attraverso le
lezioni apprese dagli alti e bassi
del nostro percorso.
Riconosciamo i momenti di sfida
come opportunità di
apprendimento, depositando nella
nostra memoria non solo i
successi ma anche le difficoltà
come tasselli essenziali per la
nostra crescita.

Il Potenziale Inesplorato della Memoria Emotiva

Esploriamo anche il potenziale inesplorato della memoria emotiva. Le emozioni legate ai nostri ricordi possono fungere da catalizzatori potenti per la crescita personale. Attraverso una comprensione profonda delle nostre risposte emotive ai ricordi, possiamo plasmare in modo consapevole la nostra esperienza presente e futura.

La Creatività nell'Architettura della Memoria

La creatività gioca un ruolo fondamentale nell'architettura della memoria. Esaminiamo come possiamo utilizzare la creatività per dare forma ai nostri ricordi in modo positivo, trasformandoli in opere d'arte che arricchiscono la nostra comprensione di noi stessi e del mondo che ci circonda.

Un Nuovo Paradigma: Memoria e Crescita Sinergica

In chiusura, presentiamo un nuovo paradigma: la sinergia tra memoria e crescita personale. La memoria non è più solo una cassa del tesoro, ma diventa il terreno fertile in cui piantiamo i semi della nostra evoluzione continua. I lettori sono invitati a esplorare questa connessione sinergica, riconoscendo nella memoria non solo un custode del passato, ma una guida preziosa nel nostro costante cammino verso una versione migliorata di noi stessi.

Prossima Tappa: Ansia come Motore di Crescita Personale

Concludiamo questo capitolo aprendo la porta a una prossima tappa emozionante: l'ansia come motore di crescita personale. Attraverso una comprensione profonda delle sfumature di questa emozione, i lettori saranno guidati verso nuovi orizzonti di

auto-scoperta e sviluppo
personale.

Capitolo 4: L'Arte dell'Introspezione e la Retro Ingegnerizzazione delle Malattie Mentali

Lo Specchio dell'Anima: L'Introspezione Come Chiave di Accesso

L'arte dell'introspezione è come uno specchio magico che ci consente di scrutare l'anima, rivelando i meandri profondi delle nostre menti. In questo capitolo, non solo esploreremo l'introspezione come un'abilità da coltivare ma anche come un faro che illumina le radici delle malattie mentali.

La Pratica Dell'Introspezione: Uno Strumento Potente

L'introspezione, spesso trascurata nella frenesia della vita quotidiana, diventa il nostro alleato. Presentiamo strumenti pratici per coltivare questa abilità, invitando i lettori a dedicare momenti di riflessione consapevole per esplorare i recessi della propria psiche. L'obiettivo non è solo comprendere, ma anche trasformare.

La Retro Ingegnerizzazione: Svelare i Meccanismi Nascosti

Spingiamoci oltre, abbracciando la retro ingegnerizzazione come metodologia illuminante. Affrontiamo le malattie mentali come ingegneri della mente, smontando i complessi meccanismi che le alimentano. La comprensione delle radici diventa essenziale per intraprendere una trasformazione duratura.

Dalla Sintomatologia alla Causa: Un Nuovo Paradigma

Spesso ci concentriamo sulla sintomatologia delle malattie mentali senza esplorarne le cause profonde. La retro ingegnerizzazione ci offre una visione più approfondita, trasformando il modo in cui percepiamo e trattiamo le condizioni mentali. Non solo gestire i sintomi, ma risalire alla radice stessa.

Strategie Preventive e Terapeutiche su Misura

Con la retro ingegnerizzazione come bussola, sviluppiamo strategie su misura. Osserviamo come determinati schemi di pensiero, esperienze passate, o situazioni specifiche si intreccino con le malattie mentali. Questo non solo apre la strada a strategie preventive ma anche a terapie personalizzate, rispettando la unicità di ogni individuo.

L'Autenticità come Antidoto

L'introspezione e la retro ingegnerizzazione ci conducono all'autenticità. Mentre esploriamo le radici delle malattie mentali, ci avventuriamo anche nel terreno della nostra autenticità. Accettare chi siamo veramente diventa una parte fondamentale del processo di trasformazione, un antidoto alle forze che alimentano le malattie mentali.

Trasformare le Ossessioni in Opportunità

Le ossessioni, spesso associate a condizioni come il disturbo ossessivo-compulsivo, possono diventare veicoli di trasformazione. In questo capitolo, impariamo a retro ingegnerizzare le ossessioni, trasformandole in opportunità di crescita e autoconoscenza.

Una Mappa per l'Auto-Scoperta

Il capitolo funge anche da mappa per l'auto-scoperta. Invitiamo i lettori a esplorare i recessi della loro mente, a tracciare un percorso attraverso le loro esperienze, emozioni e pensieri. La retro ingegnerizzazione diventa la bussola che li guida in questo viaggio interiore.

Prossima Tappa: Accettare e Abbracciare la Diversità Mentale

Concludiamo il capitolo aprendo le porte alla prossima tappa del nostro viaggio: accettare e abbracciare la diversità mentale. Siamo pronti a esplorare come la retro ingegnerizzazione possa illuminare il cammino verso l'accettazione, promuovendo una visione inclusiva e compassionevole della mente umana.

Capitolo 5: Accettare e Abbracciare la Diversità Mentale

L'Armonia della Mente: Celebrare la Diversità Come Norma

In questo capitolo, ci immergiamo nell'essenza dell'esperienza umana, rivelando la verità intrinseca che la diversità mentale è la norma, non l'eccezione. Abbandoniamo l'idea obsoleta di "normalità" per abbracciare l'armonia che nasce dalla vastità della mente umana.

Rompere le Catene del Giudizio

Smettiamo di percepire le malattie mentali come "anomalie". Questo atteggiamento limitante è un ostacolo alla comprensione e alla connessione. Invece, apriamo la porta alla consapevolezza, abbracciando le diverse sfumature della mente umana senza preconcetti o giudizi. La diversità diventa una ricchezza da esplorare, non un motivo di alienazione.

Il Potere Inesplorato delle Prospettive Uniche

Ogni mente è un universo inesplorato. Esploriamo come le prospettive uniche portate dalle malattie mentali arricchiscano la nostra comprensione del mondo. Da depressione a bipolarità, ciascuna condizione porta con sé una lente attraverso la quale possiamo riscoprire la bellezza e la complessità della vita.

Dalla "Normalità" All'Inclusività

Abbracciamo l'inclusività come il nuovo standard. Smantelliamo l'illusione di una "normalità" monolitica, abbracciando la diversità mentale come parte fondamentale dell'essere umano. In un mondo inclusivo, ognuno contribuisce al mosaico della società, portando un valore unico che va oltre le limitazioni delle etichette.

Diversità Mentale Come Forza Motrice

Riflettiamo sulla diversità mentale non solo come caratteristica individuale, ma anche come forza motrice per l'innovazione e la creatività. Esploriamo storie di individui che hanno trasformato le sfide mentali in fonti di ispirazione, dimostrando che la diversità mentale può essere il terreno fertile per il genio e la resilienza.

Superare Stereotipi e Stigma

Affrontiamo i stereotipi e lo stigma associati alle malattie mentali. La comprensione e l'accettazione della diversità mentale richiedono la rottura di barriere concettuali. Incoraggiamo la società a superare la paura dell'ignoto, a educarsi sulla complessità della mente e a sfidare le etichette limitanti.

La Forza dell'Empatia

L'empatia diventa la chiave per aprire il cuore e la mente. Invitiamo i lettori a camminare nelle scarpe degli altri, a comprendere le sfide che le malattie mentali possono portare. Attraverso l'empatia, costruiamo ponti di comprensione, dimostrando che la diversità mentale è una risorsa preziosa, non un peso.

Celebrare le Differenze Come Atto Rivoluzionario

Concludiamo il capitolo celebrando le differenze come un atto rivoluzionario. Siamo pronti a ridefinire il concetto di normalità, ad abbracciare la diversità come fonte di forza e saggezza. Guardiamo al futuro con la consapevolezza che accettare e abbracciare la diversità mentale è il fondamento per una società più compassionevole e inclusiva. La diversità diventa la melodia che unisce le voci uniche di ogni individuo in un coro armonioso, celebrando la bellezza di una mente umana in tutte le sue sfumature.

Capitolo 6: Vivere il Presente e Coltivare la Resilienza

Il Potere del "Qui e Ora"

Nel turbine della vita moderna, spesso dimentichiamo il potere del presente. In questo capitolo, sveleremo il significato profondo di vivere nel "qui e ora". Imparare a connettersi con il momento presente diventa un antidoto cruciale al soffocamento autoindotto delle malattie mentali.

Mindfulness: La Via Alla Consapevolezza

Introduciamo la mindfulness come pratica chiave. Attraverso esercizi e tecniche, i lettori saranno guidati a sviluppare una consapevolezza acuta del loro stato mentale e delle esperienze quotidiane. La mindfulness diventa il faro che illumina il cammino attraverso il caos della mente, offrendo un rifugio nel presente.

Rompere le Catene del Passato e del Futuro

Esploriamo come la mente, spesso prigioniera di rimpianti passati e paure future, può trovare la libertà nel presente. Invitiamo i lettori a riconoscere il peso delle preoccupazioni che li tengono legati al passato o al futuro, incoraggiandoli a spezzare queste catene mentali e a immergersi nella bellezza del presente.

La Resilienza Come Abilità Essenziale

Affrontiamo la resilienza come una chiave fondamentale per navigare le sfide della vita. Non una qualità riservata a pochi eletti, ma un'abilità che può essere

coltivata da tutti. Illustreremo
come trasformare le difficoltà in
opportunità di crescita personale
attraverso una mentalità resiliente.

L'Arte di Accettare l'Inevitabile

Un elemento chiave della
resilienza è l'accettazione
dell'inevitabile. Esploriamo come
accogliere gli eventi, anche quelli
dolorosi o imprevisti, possa
liberare una riserva di forza
interiore. Accettare non significa
arrendersi, ma abbracciare la
realtà con coraggio e saggezza.

Trasformare le Sfide in Opportunità

Ogni sfida porta con sé
un'opportunità travestita.
Illustreremo storie di resilienza,
dove individui hanno trasformato
le avversità in catalizzatori di
crescita. Dalla perdita al
fallimento, esploreremo come

ogni difficoltà può diventare un terreno fertile per il germoglio della resilienza.

La Resilienza Come Processo, Non Come Risultato

Contrariamente alla percezione comune, la resilienza non è un punto di arrivo, ma un processo continuo. Invitiamo i lettori a comprendere che la resilienza si sviluppa nel percorso, non alla fine. Questa prospettiva apre la strada a una crescita costante e a una forza in evoluzione.

L'Importanza del Supporto Sociale

Esploriamo il ruolo fondamentale del supporto sociale nella coltivazione della resilienza. Relazioni solidali diventano ancori che sostengono durante le tempeste della vita. Incentiviamo la costruzione di reti di supporto, rivelando come connettersi con gli altri possa essere una fonte di ispirazione e forza.

Vivere Ogni Giorno Come Una Nuova Opportunità

Concludiamo il capitolo sottolineando l'importanza di affrontare ogni giorno come una nuova opportunità di crescita e cambiamento. L'arte di vivere nel presente, abbinata alla resilienza, diventa un potente elisir per una mente sana e robusta. Guardiamo al futuro con la consapevolezza che coltivare la resilienza e vivere nel presente sono le chiavi per una vita appagante e significativa.

Capitolo 7: Depressionismo: Una Visione Positiva sulla Depressione

Riscrivere il Narrativo della Depressione

La depressione, spesso considerata solo come un buio tunnel, diventa nel nostro approccio un segnale da decifrare. In questo capitolo, ci immergiamo nel "depressionismo", un nuovo modo di percepire la depressione come catalizzatore di cambiamenti positivi.

La Depressione Come Sintomo di Squilibri Emotivi

Affrontiamo la depressione come un sintomo che parla al nostro essere emotivo. Esploriamo le radici degli squilibri emotivi, riconoscendo che la depressione è un segnale potente del nostro corpo che ci invita a indagare più a fondo sulla nostra vita emotiva.

Un'Analisi Retrospettiva Come Chiave di Comprensione

Conduci una retrospettiva illuminante sulla depressione. Esaminiamo come le esperienze passate, le relazioni interpersonali e le aspettative personali possano influenzare il nostro stato emotivo attuale. La depressione diventa un riflesso, un'opportunità di scrutare dentro noi stessi per individuare le aree di cambiamento necessarie.

Il Richiamo al Cambiamento

La depressione, anziché una condanna, diventa un messaggero che ci invita a riconsiderare il nostro stile di vita. Analizziamo come aspetti come la routine quotidiana, le relazioni interpersonali e le attività ricreative possano essere riformulati per promuovere il benessere emotivo. La depressione diventa così un richiamo al cambiamento e una guida per costruire un equilibrio più sano.

Ripensare le Relazioni Interpersonali

Esploriamo il legame tra depressione e relazioni interpersonali. Come possono essere trasformate le dinamiche relazionali per diventare fonti di sostegno e nutrimento emotivo? Vediamo la depressione come un'opportunità di migliorare la qualità delle connessioni con gli altri.

Depressione Come Spinta alla Crescita Personale

Riconsideriamo la depressione come un invito alla crescita personale. Attraverso una lente positiva, esploriamo come le sfide emotive possano diventare terreno fertile per una maggiore consapevolezza e comprensione di sé stessi. La depressione diventa il punto di partenza per un viaggio di trasformazione interiore.

Strategie Pratiche per il Cambiamento Positivo

Forniamo al lettore strategie pratiche per iniziare il processo di cambiamento positivo.

Dall'adozione di abitudini quotidiane salutari alla ricerca di supporto professionale, guidiamo il lettore attraverso un percorso che trasforma la depressione da avversario a alleato nella ricerca di un benessere duraturo.

Rompere gli Stereotipi sulla Depressione

Affrontiamo gli stereotipi culturali legati alla depressione. Come società, spesso etichettiamo erroneamente chi sperimenta la depressione. Invitiamo alla rottura di questi stereotipi, promuovendo una comprensione più profonda e compassionevole della depressione come un percorso individuale verso il cambiamento positivo.

La Depressione Come Guida Verso l'Equilibrio

Concludiamo il capitolo sottolineando l'importanza di

accogliere la depressione come una guida verso un equilibrio più sano. La visione positiva sulla depressione diventa una chiave per aprire porte verso la trasformazione personale. Guardiamo al futuro con ottimismo, consapevoli che il depressionismo può essere una via per abbracciare la vita con una prospettiva rinnovata e positiva.

Capitolo 8: Ansietà come Motore di Crescita Personale

Riscrivere la Narrazione dell'Ansia

L'ansia, spesso demonizzata come avversaria della nostra salute mentale, diventa nel nostro approccio un potente alleato per la crescita personale. In questo capitolo, esploriamo il ruolo dell'ansia come motore che può guidarci verso una consapevolezza più profonda e la costruzione di una mentalità resiliente.

L'Ansia Come Sintomo di Opportunità

Iniziamo disinnescando l'ansia dal suo ruolo di nemico. La vediamo come un segnale del corpo, un campanello d'allarme che indica la necessità di esplorare aspetti nascosti di noi stessi. L'ansia diventa un sintomo, non solo di preoccupazioni presenti, ma di opportunità di crescita personale.

Analisi Profonda delle Paure e delle Preoccupazioni

Affrontiamo le radici dell'ansia, scavando più a fondo nelle paure e nelle preoccupazioni che essa porta con sé. Attraverso un'analisi profonda, impariamo a riconoscere il potenziale di crescita in ogni ansia che sperimentiamo. Vediamo il processo ansioso come un veicolo per comprendere meglio i nostri bisogni e desideri nascosti.

Costruzione di una Mentalità Resiliente

Esaminiamo come l'ansia possa diventare il terreno fertile per la costruzione di una mentalità resiliente. Attraverso il confronto con le sfide, impariamo a sviluppare una resistenza emotiva. L'ansia diventa così il nostro allenatore personale per affrontare le avversità con coraggio e determinazione.

Accettazione e Consapevolezza di Sé

Promuoviamo l'accettazione di sé durante il processo ansioso. Insegniamo a riconoscere e abbracciare le emozioni senza giudizio, creando uno spazio per una consapevolezza più profonda di sé. L'ansia diventa il terreno fertile per la crescita interiore, portando alla scoperta di risorse nascoste e forza interiore.

Ansia Come Guida alle Opportunità

Esploriamo come l'ansia possa fungere da guida alle opportunità. Invece di paralizzarci, ci spinge ad affrontare le sfide con uno sguardo nuovo. Vediamo il suo ruolo nella nostra vita come uno strumento che ci invita a espandere i nostri limiti, ad abbracciare l'ignoto e ad imparare da ogni esperienza.

Strumenti Pratici per la Gestione dell'Ansia

Forniamo al lettore strumenti pratici per gestire l'ansia in modo costruttivo. Dalle tecniche di respirazione alla mindfulness, guidiamo il lettore attraverso pratiche che trasformano l'ansia da ostacolo in risorsa. L'obiettivo è imparare a danzare con l'ansia anziché resistere ad essa.

Ansia Come Compagna di Viaggio

Concludiamo il capitolo sottolineando come l'ansia possa diventare una compagna di viaggio preziosa nella nostra ricerca di crescita personale. Guardiamo al futuro con la consapevolezza che l'ansia, quando affrontata con consapevolezza e resilienza, può diventare un elemento chiave per una vita più ricca e significativa.

Capitolo 9: Schizofrenia come Espressione della Creatività

La Creatività Nascosta nella Complessità Mentale

La schizofrenia, da troppo tempo etichettata come mera instabilità mentale, diventa oggetto di un'analisi rivoluzionaria in questo capitolo. Ci immergeremo nella complessità mentale di chi vive con questa condizione, esplorando come possa essere un terreno fertile per la creatività anziché un ostacolo.

Un Nuovo Sguardo sulla Schizofrenia

Sfideremo le percezioni comuni sulla schizofrenia, spogliandola dell'etichetta stigmatizzante e aprendo un dialogo sulla sua connessione con la creatività. La schizofrenia non è solo un insieme di sintomi, ma un modo unico di elaborare il mondo, una lente attraverso cui emergono nuove prospettive e possibilità creative.

L'Elaborazione Unica del Mondo

Esploreremo come chi vive con la schizofrenia elabora il mondo in modi unici. La mente che danza tra le sfere della realtà e della fantasia può generare nuove idee, connessioni inaspettate e soluzioni creative. Vedremo la schizofrenia come un dono, un modo di percepire la realtà che si traduce in un'autentica espressione della creatività.

Coltivare la Creatività nell'Esperienza Schizofrenica

Insegneremo ai lettori a riconoscere e coltivare la creatività nelle persone con schizofrenia. Attraverso storie e casi studio, dimostreremo come le esperienze uniche di chi vive con questa condizione possano ispirare opere artistiche, innovazioni e contributi significativi alla società. La creatività diventa così un faro luminoso nel buio della stigmatizzazione.

Superare il Tabù della Malattia Mentale

Affronteremo il tabù associato alla schizofrenia, sfidando la concezione della malattia mentale come mera disabilità. La creatività diventa uno strumento di trasformazione, permettendo alle persone con schizofrenia di superare gli stereotipi e di essere apprezzate per le loro preziose contribuzioni.

La Creatività Come Terapia

Esploreremo il potenziale terapeutico della creatività nel contesto della schizofrenia.

Vedremo come l'espressione artistica, la scrittura e altre forme creative possano diventare un veicolo di comprensione di sé e di comunicazione con gli altri. La creatività diventa un ponte tra mondi interni complessi e il mondo esterno.

Promuovere un'Inclusività Creativa

Promuoviamo l'idea di un ambiente inclusivo che valorizzi e celebri la creatività delle persone con schizofrenia. L'arte e la creatività diventano strumenti per abbattere le barriere, costruendo ponti di comprensione e connessione. La diversità mentale diventa una risorsa preziosa per la collettività.

L'Invito a Riscrivere la Narrazione

Concludiamo il capitolo invitando il lettore a riscrivere la narrazione della schizofrenia, abbracciando la complessità di questa condizione come una forma unica di creatività. Guardiamo al futuro con ottimismo, immaginando una società che riconosce e celebra la diversità mentale come una fonte inesauribile di ispirazione e innovazione. La schizofrenia diventa così un capitolo affascinante nella storia della mente umana.

Capitolo 10: Disturbi dell'Alimentazione: Un Approccio Positivo

Navigare il Labirinto dei Disturbi Alimentari

I disturbi alimentari, spesso avvolti in un velo di stigmatizzazione, diventano il terreno di un'analisi che si propone di cambiare radicalmente la prospettiva. In questo capitolo, gettiamo luce sulle radici profonde di queste condizioni, ma lo facciamo con l'obiettivo di trasformare la narrazione da un racconto di sofferenza a un'opportunità di crescita e consapevolezza.

Illuminare le Radici Profonde

Esploriamo le radici profonde dei disturbi alimentari, analizzando le

influenze culturali, sociali e
personali che li alimentano.
Affronteremo la complessità di
queste condizioni, riconoscendo
che spesso si sviluppano come
risposte a tensioni profonde e
sfide personali.

L'Arte della Comprensione Retrospettiva

Invitiamo i lettori a intraprendere
un viaggio di comprensione
retrospettiva, un'esplorazione
delle origini dei disturbi alimentari
nelle proprie esperienze e nella
società circostante. Questa analisi
profonda diventa il fondamento
per trasformare la relazione con il
cibo da fonte di ansia a veicolo di
auto-empowerment.

Occasioni di Sviluppo Personale

Sottolineiamo come le sfide dei disturbi alimentari possano essere affrontate come opportunità di sviluppo personale. Ogni passo verso una relazione più sana con il cibo diventa un passo verso la consapevolezza di sé, l'accettazione del corpo e la comprensione delle proprie esigenze emotive.

Costruire una Relazione Sana con il Cibo

Forniamo pratiche e strategie per aiutare i lettori a costruire una relazione sana con il cibo. Attraverso l'attenzione consapevole ai segnali del corpo, la comprensione delle emozioni legate all'alimentazione e la promozione di abitudini alimentari sostenibili, dimostriamo che il cibo può diventare un alleato, non un nemico.

La Bellezza della Diversità Corporea

Sfideremo gli standard estetici omologati, promuovendo l'accettazione e la celebrazione della diversità corporea. Ogni corpo ha la sua unicità, e l'obiettivo diventa coltivare una cultura che apprezzi la varietà delle forme fisiche senza giudizio.

Trasformare la Colpa in Consapevolezza

Affronteremo la colpa spesso associata all'alimentazione, sostituendola con la consapevolezza. Vediamo l'atto di nutrirsi non solo come un bisogno fisiologico, ma come una forma di auto-amore e cura. La consapevolezza diventa un faro guida nel percorso verso una relazione equilibrata con il cibo.

La Comunità come Sostegno

Promuoviamo la formazione di comunità di sostegno, luoghi in cui le persone possono condividere le proprie esperienze, sfide e successi nel percorso verso una relazione positiva con il cibo. La condivisione diventa un catalizzatore di forza collettiva, rompendo l'isolamento spesso associato ai disturbi alimentari.

Guardare al Futuro con Speranza

Concludiamo il capitolo guardando al futuro con speranza, immaginando una società che abbraccia la diversità alimentare e corporea. Ogni passo verso una relazione più sana con il cibo diventa una tessera fondamentale nella costruzione di un mondo in cui ogni individuo si senta libero di nutrirsi senza timori e giudizi. La tavola diventa così un luogo di celebrazione, apprezzamento e consapevolezza.

Capitolo 11: Bipolarità come Ciclo Naturale delle Emozioni

Oltre la Superficie: Il Mosaico Emotivo del Disturbo Bipolare

Il disturbo bipolare, spesso travolto da pregiudizi e fraintendimenti, è il protagonista di una nuova narrazione. In questo capitolo, ci immergiamo nei meandri del suo mondo emotivo, illuminando le sfumature che vanno al di là della superficie per rivelare un mosaico ricco di colori e sfaccettature.

Riconsiderare l'Etichetta

Iniziamo smantellando l'etichetta di "difetto" associata al disturbo bipolare. Lo vediamo piuttosto come una variazione naturale delle emozioni umane, un ciclo che può portare a una maggiore comprensione di sé e degli altri.

L'obiettivo è liberare questa condizione dalla stigmatizzazione, aprendo la porta a una visione più inclusiva e compassionevole.

Navigare tra gli Estremi

Esaminiamo come navigare tra gli estremi del disturbo bipolare possa insegnarci a gestire le nostre energie in modo più consapevole. Mentre il mondo spesso celebra solo i momenti di "alta energia", sottolineiamo che i periodi di calma possono essere altrettanto preziosi. Il ciclo naturale diventa un insegnante di equilibrio e consapevolezza emotiva.

La Ricchezza della Gamma Emotiva Umana

Esploriamo la ricchezza della gamma emotiva umana attraverso il prisma del disturbo bipolare. Vediamo come attraversare le fasi del ciclo possa arricchire la nostra comprensione delle emozioni, consentendoci di sviluppare una maggiore empatia per gli altri e per noi stessi.

Strategie per la Gestione Efficace

Forniamo strategie pratiche per la gestione efficace del disturbo bipolare. Dal riconoscimento dei segnali precoci alla creazione di una rete di supporto solida, aiutiamo i lettori a trasformare questo ciclo naturale in un'opportunità per crescere, apprendere e mantenere una salute emotiva duratura.

La Creatività nell'Altalena Emotiva

Esploriamo il legame tra il disturbo bipolare e la creatività. Molti individui con questa condizione manifestano talenti artistici straordinari. Vediamo come canalizzare l'energia creativa durante le fasi di alti e come trovare ispirazione durante i momenti di calma possa essere una risorsa preziosa.

Oltre l'Individuo: Il Ruolo della Società

Concludiamo esaminando il ruolo della società nella comprensione e nell'accettazione del disturbo bipolare. Incentiviamo un approccio che riconosca la diversità emotiva come una ricchezza anziché un pericolo. Sfidiamo la società a coltivare un ambiente in cui ogni individuo, indipendentemente dalla sua gamma emotiva, possa prosperare.

Un Nuovo Inizio: Accettazione e Crescita

Chiudiamo il capitolo aprendo la porta a un nuovo inizio. Accettare il ciclo naturale del disturbo bipolare diventa la chiave per una crescita personale profonda. Invece di vederlo come una catena, lo consideriamo come

un'opportunità di trasformazione
continua, una danza con la
ricchezza delle emozioni umane.

Capitolo 12: Introspezione e Crescita Personale

Sguardo Profondo all'Interno: L'Arte di Esplorare la Propria Mente

Nel cuore di ogni malattia mentale, si trova un invito alla scoperta di sé. In questo capitolo, ci immergiamo nell'arte dell'introspezione, aprendo la porta a un viaggio profondo all'interno delle nostre menti. Forniamo strumenti pratici che trasformano le sfide mentali in trampolini di crescita personale e auto-empowerment.

L'Importanza della Senza Giudizio

Iniziamo abbattendo il muro del giudizio. L'introspezione richiede un'osservazione senza preconcetti o critiche.

Incoraggiamo i lettori a esplorare
le loro menti con gentilezza,
abbracciando anche gli aspetti
più oscuri senza timore. È lì,
nell'accettazione senza riserve,
che inizia il vero processo di
trasformazione.

Esercizi di Auto-Riflessione

Offriamo una serie di esercizi
pratici di auto-riflessione. Questi
non sono solo strumenti, ma
portali verso la comprensione
profonda di sé stessi. Attraverso
domande ponderate, meditazioni
guidate e esplorazioni creative, i
lettori saranno guidati a scavare
sotto la superficie delle proprie
menti, rivelando tesori di
consapevolezza e
consapevolezza emotiva.

**Trasformare le Sfide in
Opportunità**

Ogni pensiero oscuro, ogni ansia
e ogni paura diventano veicoli per
la crescita. Spieghiamo come

l'introspezione possa trasformare le malattie mentali da ostacoli insormontabili a alleati preziosi. Ogni sfida diventa un'opportunità di apprendimento, un passo più vicino a una connessione più profonda con sé stessi.

Auto-Empowerment attraverso la Comprensione

L'introspezione non è solo un atto di osservazione; è un atto di empowerment. Illustreremo come la comprensione approfondita di sé stessi sia il fondamento della forza interiore. Attraverso questa consapevolezza, i lettori saranno in grado di navigare meglio attraverso le sfide quotidiane e sviluppare una fiducia che va oltre le apparenze.

La Bellezza del Processo Continuo

Concludiamo sottolineando che l'introspezione è un processo continuo. La crescita personale non ha una fine definita; è un viaggio senza fine verso la comprensione di sé e degli altri. Incoraggiamo i lettori a vedere la bellezza nella continua scoperta, celebrando ogni passo lungo il percorso.

L'Arte di Vivere Intenzionalmente

Chiudiamo il capitolo con l'invito a vivere intenzionalmente. L'introspezione non è solo una pratica mentale, ma un modo di vivere. Diventa l'arte di essere consapevoli in ogni momento, abbracciando la complessità della mente umana e trasformandola in una fonte inesauribile di crescita e realizzazione personale.

Capitolo 13: Accettazione della Diversità Mentale e Inclusività

Abbracciare la Ricchezza della Mente Umana

In questo capitolo, ci immergiamo nella profondità della diversità mentale, riconoscendo la sua importanza nella tessitura del tessuto sociale. Il nostro obiettivo è stimolare la riflessione sulla bellezza e sulla ricchezza che sorge dalla diversità delle esperienze mentali, promuovendo un'atmosfera di comprensione e accettazione universale.

Rompere gli Stereotipi

Iniziamo sfidando gli stereotipi radicati associati alle malattie mentali. Illustreremo come questi preconcetti possano alimentare il bias sociale e limitare l'inclusività.

Incoraggiamo i lettori a guardare oltre le etichette, a vedere ogni individuo come una storia unica, ricca di sfumature e potenziali.

Inclusività nel Linguaggio e nell'Azione

Esploriamo come la vera inclusività vada oltre il solo riconoscimento delle differenze mentali. Promuoviamo l'adozione di un linguaggio rispettoso e consapevole, capace di abbracciare la varietà delle esperienze umane. Sottolineiamo l'importanza delle azioni concrete nel creare un ambiente che celebri la diversità mentale, consentendo a ciascun individuo di sentirsi apprezzato e compreso.

Empatia come Ponte per la Connessione

L'empatia svolge un ruolo cruciale nell'abbattere le barriere dell'incomprensione. Illustreremo come coltivare l'empatia verso chi vive esperienze mentali diverse possa creare ponti di connessione. La comprensione empatica diventa un veicolo per abbattere il muro dell'isolamento che spesso circonda chi lotta con le malattie mentali.

Diversità Mentale come Risorsa Sociale

Promuoviamo la visione della diversità mentale come una risorsa preziosa per la collettività. Esploriamo come le diverse prospettive mentali possano contribuire all'innovazione, alla creatività e alla resilienza sociale. Dimostriamo che una società che abbraccia la diversità mentale gode di un patrimonio di competenze uniche e prospettive uniche.

Educare per Combattere lo Stigma

Affrontiamo il persistente stigma associato alle malattie mentali. Illustreremo come l'educazione giocchi un ruolo fondamentale nel superare il pregiudizio. Proponiamo programmi educativi incentrati sulla salute mentale nelle scuole e nei luoghi di lavoro per creare una comprensione più approfondita e una società più inclusiva.

Promuovere la Consapevolezza

Concludiamo incoraggiando l'adozione di iniziative per promuovere la consapevolezza sulla diversità mentale. Proporremo campagne che sfidino la percezione distorta delle malattie mentali e sostengano un dialogo aperto. Solo attraverso la consapevolezza collettiva possiamo sperare di creare un ambiente in cui la diversità mentale è accettata e celebrata.

Visione di una Società Inclusiva

Guardiamo al futuro immaginando una società in cui l'inclusività mentale è la norma. Sogniamo un mondo in cui le differenze mentali sono accolte come un tesoro e non come un peso. Chiudiamo il capitolo con la speranza che l'accettazione della diversità mentale diventi un faro luminoso per una società più compassionevole e prospera.

Conclusioni e Prospettive Future

Abbracciare il Futuro con Ottimismo

In questo capitolo conclusivo, riflettiamo sul viaggio intrapreso attraverso le intricate sfumature delle malattie mentali, trasformandole da stigmi a opportunità di crescita e comprensione. L'importanza di abbracciare questo percorso con ottimismo e consapevolezza è il filo conduttore che guida le nostre considerazioni.

Crescita Personale attraverso le Sfide

Sottolineiamo come ogni capitolo abbia offerto una prospettiva unica, spingendo i lettori a riconsiderare le malattie mentali non solo come patologie, ma come catalizzatori di crescita personale. Ogni sfida, quando affrontata con consapevolezza, può diventare un trampolino per una maggiore comprensione di sé e degli altri.

Trasformare la Sofferenza in Forza

Ripercorriamo le storie di resilienza presentate, dimostrando come l'avversità possa essere trasformata in una forza motivante. Laddove c'è sofferenza, c'è anche la possibilità di costruire una fondazione più solida per il benessere mentale.

L'Importanza dell'Introspezione

Riaffermiamo l'importanza dell'introspezione come strumento fondamentale. Attraverso l'esplorazione delle proprie esperienze mentali senza giudizio, i lettori sono guidati verso una comprensione più profonda di sé stessi e delle proprie reazioni alle sfide della vita.

Accettazione e Inclusività

Ricordiamo il capitolo dedicato all'accettazione della diversità mentale e alla promozione dell'inclusività. La visione di una società che abbraccia e celebra le differenze mentali è posta al centro delle nostre speranze per il futuro.

L'Educazione come Chiave del Cambiamento

Incentiviamo l'educazione come chiave del cambiamento. Solo attraverso la conoscenza e la comprensione collettiva possiamo abbattere gli stereotipi e combattere il persistente stigma legato alle malattie mentali.

Guardando al Futuro

Concludiamo guardando al futuro con ottimismo e determinazione. Immaginiamo una società in cui la salute mentale è valorizzata tanto quanto quella fisica, dove il dialogo aperto e l'empatia sono moneta corrente.

Invito all'Azione

Lanciamo un invito all'azione, incoraggiando i lettori a essere agenti di cambiamento nella propria comunità. Siamo convinti che ogni piccolo passo verso una visione più positiva delle malattie mentali possa avere un impatto significativo sulla società nel suo complesso.

Grazie per Averci Accompagnato

Concludiamo esprimendo la nostra profonda gratitudine per averci accompagnato in questo viaggio. Siamo fiduciosi che le idee condivise abbiano seminato semi di comprensione e speranza.

Il Futuro della Salute Mentale è Tra Le Nostre Mani

Guardiamo al futuro sapendo che il destino della salute mentale è nelle mani di ciascuno di noi. Con una visione positiva e azioni concrete, possiamo contribuire a plasmare un mondo in cui ogni individuo possa vivere una vita significativa e appagante, indipendentemente dalle sfide mentali che possa affrontare. Il nostro impegno per una società più compassionevole e consapevole è il seme che speriamo di vedere germogliare in ogni lettore. Grazie per essere parte di questa trasformazione positiva.

www.ingramcontent.com/pod-product-compliance
Lightning Source LLC
Chambersburg PA
CBHW031324250726
48656CB00005B/1954